Mi biblioteca de ciencias

¡Dale un tirón!
¡Dale un empujón!

Buffy Silverman

Editor del contenido científico:
Shirley Duke

Rourke
Educational Media

rourkeeducationalmedia.com

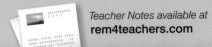

Science Content Editor: Shirley Duke holds a bachelor's degree in biology and a master's degree in education from Austin College in Sherman, Texas. She taught science in Texas at all levels for twenty-five years before starting to write for children. Her science books include *You Can't Wear These Genes, Infections, Infestations, and Diseases, Enterprise STEM, Forces and Motion at Work, Environmental Disasters,* and *Gases.* She continues writing science books and also works as a science content editor.

www.rourkeeducationalmedia.com

Photo credits: Cover © John93; Pages 2/3 © MANDY GODBEHEAR; Pages 4/5 © Thomas M Perkins; Pages 6/7 © Andreas Gradin; Pages 8/9 © MaszaS, Andrr; Pages 10/11 © Vaclav Volrab, Rena Schild; Pages 12/13 © Dimoza, SVLuma; Pages 14/15 © Francis Wong Chee Yen, Plus69, Laurent Renault; Pages 16/17 © Walter G Arce, crazy4design; Pages 18/19 © MANDY GODBEHEAR; Pages 20/21 © Mike Flippo, Alex Galea

Editor: Kelli Hicks

My Science Library series produced by Blue Door Publishing, Florida for Rourke Educational Media
Editorial/Production Services in Spanish by Cambridge BrickHouse, Inc.
www.cambridgebh.com.

Also Available as:

ROURKE'S
e-Books

Silverman, Buffy
¡Dale un tirón! ¡Dale un empujón! / Buffy Silverman
(Mi biblioteca de ciencias)
ISBN 978-1-62717-272-1 (soft cover - Spanish)
ISBN 978-1-62717-490-9 (e-Book - Spanish)
ISBN 978-1-61810-229-4 (soft cover-English)

Rourke Educational Media
Printed in the United States of America,
North Mankato, Minnesota

Rourke
Educational Media
rourkeeducationalmedia.com
customerservice@rourkeeducationalmedia.com • PO Box 643328 Vero Beach, Florida 32964

Contenido

Muévelo

Todos los días mueves objetos. En la mañana tomas el cepillo de dientes, abres y cierras una gaveta de la cómoda, tomas una caja de cereal y levantas tu mochila. También pedaleas en tu bicicleta hasta tu escuela. Tus acciones ponen en movimiento al cepillo de dientes, la caja de cereal y la mochila.

La leche fluye cuando levantas e inclinas la botella con leche.

Tú usas tus músculos cuando mueves cosas.

5

Para mover un objeto necesitas ejercer una **fuerza** sobre él. Las herramientas y las máquinas también pueden ejercer fuerza. Estas utilizan una fuerza para poner algo en movimiento. Una fuerza es un empujón o un halón. Un empujón o un halón pueden mover un objeto. Cuando un objeto está moviéndose, se necesita una fuerza para aumentar o aminorar su **velocidad**, cambiar su dirección o detenerlo.

Primera ley del movimiento

Sir Isaac Newton fue un científico inglés que vivió entre 1642 y 1727. Él descubrió las leyes del movimiento y la ley de la

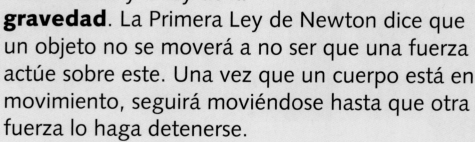

Sir Isaac Newton

gravedad. La Primera Ley de Newton dice que un objeto no se moverá a no ser que una fuerza actúe sobre este. Una vez que un cuerpo está en movimiento, seguirá moviéndose hasta que otra fuerza lo haga detenerse.

Una fuerza es un halón o un empujón. Tú empujas una pelota de fútbol con el pie para crear la fuerza que la mueve en el terreno.

Sin un empujón o un halón, la pelota de baloncesto no se moverá. La tendencia de un cuerpo a conservar su movimiento o quedarse en reposo se llama **inercia.** Si tiras una pelota, se mueve en dirección a la canasta. Tu empujón vence la inercia de la pelota y la pelota se mueve. Los objetos también necesitan un empujón o un halón para detenerse. La inercia de la pelota la mantendrá en movimiento. Cuando atrapas una pelota, la fuerza de tus manos detiene su movimiento.

Cuando empujas una pelota, se moverá por el aire. Su movimiento hacia adelante es frenado por la tabla, que hace cambiar de dirección a la pelota. Si la pelota no choca contra la tabla, la fuerza de gravedad la hará caer.

¡Más rápido!

¿Has participado en una carrera de bicicletas? Para mover una bicicleta, debes empujar los pedales y hacerlos girar. Para aumentar la velocidad, debes empujar más fuerte y más rápido. Mientras más fuerza apliques, más rápido irás. La velocidad de la bicicleta se calcula como la distancia que recorre en un tiempo determinado.

Cuando empujas los pedales, estos mueven la cadena de la bicicleta. La cadena hace girar la rueda de atrás y la bicicleta se mueve.

En las competencias, estos ciclistas usan sus músculos para crear la fuerza necesaria para mover sus bicicletas más rápido. El ganador es el que usó la mayor fuerza en la distancia recorrida.

Monta una bicicleta que tenga una cesta llena de libros. Debes empujar duro para moverte tú y tu pesada carga. Te mueves lentamente con la carga. Cuando la **masa** de un objeto aumenta, se necesita más fuerza para moverlo. Es por eso que necesitas empujar más fuerte si quieres mover una roca grande que para mover una piedrecilla.

Debes empujar muy fuerte para mover una pelota muy pesada.

Necesitas menos fuerza para mover una pelota con menos masa.

El peso de las personas que van atrás incrementa la carga de la bicicleta. El ciclista debe incrementar la fuerza de su pedaleo para vencer la inercia de la carga.

Aminora y para

Al final de una carrera, los ciclistas aminoran la marcha. Para reducir la velocidad y detener un objeto se necesita fuerza. Cuando el ciclista presiona las manijas de freno estas mueven las bandas de freno. Las bandas presionan la llanta de la rueda, frenando la bicicleta hasta detenerla. La fuerza de una superficie contra otra se llama **fricción**. La fricción reduce la velocidad de un objeto.

La caja es empujada en esta dirección

La fricción del piso empuja en dirección contraria

Para mover una caja debes vencer la fuerza de fricción que actúa en dirección contraria.

banda de freno

Las bandas de freno suministran parte de la fricción necesaria para detener la bicicleta. ¡Sin fricción una bicicleta en movimiento nunca se detendría!

La fricción aminora la velocidad de una bicicleta o de un auto aunque no lo frenen. Las ruedas interactúan con la calle y esto reduce la velocidad del vehículo. El aire también interactúa con los objetos en movimiento. Los autos de carrera son diseñados para que sufran menos el efecto de la fricción. Tienen pocos bordes sobresalientes, por lo que la resistencia del aire es menor. El aire resbala sobre sus superficies pulidas.

El aire atrapado en el paracaídas aminora la velocidad de un auto de carreras, incrementando la fricción con el aire para formar una fuerza en dirección contraria.

Los autos de carrera corren alrededor de una pista. Su forma elegante y estilizada hace que el aire se deslice sobre y por debajo del auto para disminuir la fricción y poder ir más rápido.

17

Las fuerzas interactúan entre sí

Observa un juego de tirar de la soga. Un niño tira de un extremo de la soga, tratando de mover al otro niño. El otro niño hala en dirección contraria. Estas fuerzas actúan entre sí.

dirección de la fuerza

Ambos niños sienten cómo la soga hala en dirección contraria. Si ambos niños halan con la misma fuerza, ninguno se moverá. Entonces, las fuerzas están **balanceadas**.

dirección de la fuerza

El niño que tenga más fuerza ganará el juego.

Las fuerzas actúan en pares. Una fuerza mueve un objeto hacia adelante mientras otra fuerza actúa en dirección contraria. Un patinador empuja con su pie hacia atrás al montar una patineta. La patineta rueda hacia adelante, moviéndose en dirección contraria a su empujón. El movimiento hacia adelante es la **reacción** al empujón hacia atrás del pie del patinador.

empujón hacia atrás   **movimiento hacia adelante**

Si el patinador quiere ir más rápido, tendrá que empujar con más fuerza. El movimiento hacia adelante será tan rápido como la fuerza del movimiento hacia atrás.

Todos los días empujas o halas objetos. También utilizas herramientas para moverlos o detenerlos. ¡Piensa en todas las maneras en que creas fuerzas!

Demuestra lo que sabes

1. ¿Qué necesitas para mover un objeto?

2. ¿Por qué no puedes lanzar una bola de boliche tan lejos como una pelota de béisbol?

3. Cuando mueves el remo hacia atrás, ¿en qué dirección se desplaza un kayac?

Glosario

balanceadas: igual cantidad de fuerza en sentido contrario

fuerza: cualquier acción que hala o empuja un objeto

fricción: la fuerza que reduce la velocidad de los objetos cuando uno roza contra el otro

gravedad: la fuerza que hace que los objetos caigan hacia la Tierra

inercia: la resistencia de un objeto a cualquier cambio en su movimiento. La inercia dificulta poner en movimiento un objeto que está en reposo, lo mismo que detener un objeto que está en movimiento.

masa: cantidad de materia que contiene un objeto

reacción: acción o respuesta a algo que ha pasado

velocidad: medida en que algo se mueve

Índice

Sitios en la internet

www.exploratorium.edu/skateboarding/trick.html
www.sciencebob.com/experiments/the_lincoln_dive.php
www.sciencetoymaker.org/balloon/index.html

Sobre la autora

Buffy Silverman escribe libros
infantiles sobre las ciencias y la
naturaleza. Ella aprende más del
mundo con cada nuevo tema
sobre el que elige escribir.

¡Pregúntale a la autora!
www.rem4students.com